ADOPTEZ *un état* D'ESPRIT *Positif*

UN GUIDE POUR RETROUVER VOTRE OPTIMISME ET VOUS SENTIR BIEN

NINA MADSEN

Special Art Development

Adoptez un état d'esprit positif

Un guide pour retrouver votre optimisme et vous sentir bien

Nina Madsen

Paperback ISBN: 979-12-5553-022-0

support@specialartbooks.com
www.specialartbooks.com

Table des matières

Introduction

La vie peut avoir tellement de hauts et de bas que, parfois, vous avez l'impression de vivre sur des montagnes russes !

Les bons moments sont merveilleux, ils vous font vous sentir bien et vous rappellent pourquoi il est important de ne pas abandonner. Les mauvais moments, en revanche, peuvent chasser toutes les pensées positives et nous donner envie de tout laisser tomber. C'est alors que viennent à l'esprit des questions telles que « Est-ce que je suis sur la bonne voie ? » ou bien « Est-ce que je sais quel genre de personne je souhaite être ? »

Les hauts et les bas font partie de la vie, mais pour vivre heureux il faut rester forte et reconnaissante pour ce que vous avez, même dans les périodes difficiles.

Mais comment le mettre en pratique ? La pensée positive vous permet d'apprécier votre environnement et de surmonter n'importe quelle tempête. Ce concept peut vous sembler quelque peu vague et simpliste, mais je vous assure qu'il ne l'est pas du tout.

Pour penser positivement, il est d'abord nécessaire de changer vos perspectives et apprendre à vous concentrer sur ce que vous avez plutôt que sur ce qui vous manque. Au lieu de ne prêter attention qu'aux moments sombres, tournez-vous vers les bonnes choses que la vie vous offre !

Cela vous aidera non seulement à vous sortir de situations difficiles, mais vous donnera également plus de confiance, d'amour et d'estime de soi.

Au long de ces pages, vous apprendrez à changer votre perspective et à repenser votre parcours professionnel. Vous découvrirez comment améliorer votre force, en profitant de moments de solitude, et aussi comment recharger votre énergie grâce à une bonne alimentation. Je vous révélerai ensuite le secret de la confiance en soi et de la persévérance et je vous aiderai à libérer votre créativité et à être reconnaissante envers vous-même.

Dans ce livre, vous découvrirez et apprécierez l'importance de la pensée positive. Mais tout commence par vous ! Vous aimer vous-même vous aidera à voir le monde et votre vie d'une manière complètement différente !

Partie Première : Changez votre perspective

Chapitre 1

Réfléchissez à votre parcours professionnel

> Donnez de la lumière et les gens trouveront leur chemin
>
> *—Ella Baker*

L'un des obstacles majeurs qui empêchent d'avoir une vision positive de la vie est le parcours professionnel. Peut-être vous retrouvez-vous coincée dans un travail qui ne mène nulle part ou qui ne correspond plus à vos aspirations.

Le stress causé par un travail insatisfaisant peut vous submerger et étouffer toute pensée positive. Il est vrai qu'une carrière n'est pas tout, mais c'est souvent l'activité à laquelle vous consacrez le plus de temps et qui apporte des revenus. En effet, le travail devrait être une occasion d'exprimer vos compétences, de vous mettre au défi et de vous épanouir !

Quel que soit votre emploi actuel, si vous le vivez difficilement et ne voyez aucun aspect positif pour l'avenir, il est probablement temps de changer de cap.

Mettez tout cela en pratique

Prenez le temps de réfléchir à votre travail, que vous soyez avocate, enseignante ou serveuse. Commencez par vous poser quelques questions, telles que :

- Quels sont les aspects positifs de mon emploi ? Est-ce que cela me permet d'apprendre de nouvelles choses ?

  ....

  ....

- Si je n'aime pas mon travail, y a-t-il encore des avantages qui me motivent à continuer ?

  ....

  ....

- Comment ma carrière m'a-t-elle influencée négativement ?

  ....

  ....

- Ai-je besoin d'un changement pour être heureuse et avoir une vision positive de la vie ?

  ....

  ....

- Quelles sont les options qui s'offrent à moi ?

  ....

  ....

- Quels sont mes objectifs professionnels ?

  ....

  ....

Exercice créatif

Dessinez, ou bien trouvez, un symbole représentant votre domaine professionnel. Il peut s'agir d'une toque de chef ou d'une mallette. Considérez-le comme un symbole de force, qui vous aidera à atteindre vos objectifs.

En le concevant, pensez aux changements que vous souhaiteriez apporter à ce symbole au fur et à mesure de l'évolution de votre carrière. Par exemple, cette toque de chef cuisinier pourrait se transformer en casquette de policier, ou un tablier de serveuse en uniforme d'hôtesse de l'air.

Quel que soit votre choix, essayez d'accepter le changement, en considérant votre travail comme une opportunité de croissance. De cette façon, vous apprendrez à regarder la vie de manière positive.

Conclusion

Parfois, un travail qui ne vous passionne pas peut vous déprimer au point de vouloir abandonner. Prenez le temps de regarder en vous. Vous constaterez peut-être qu'il y a des éléments positifs dans votre carrière qui pourraient vous inciter à poursuivre dans cette voie, voire à réaliser vos rêves et vos objectifs !

Chapitre 2

Reconnaître le rôle de la musique dans votre vie

> La musique est comme une clé magique, à laquelle les cœurs les plus fermés s'ouvrent
>
> *—Maria von Trapp*

La musique, quelle qu'elle soit, possède un grand pouvoir. Écouter sa chanson préférée peut transformer votre journée pour le meilleur et en seulement quelques secondes.

Lorsque vous écoutez la musique que vous aimez, vous pouvez arrêter le flux constant de vos pensées et profiter du moment présent. Le livre entier parle de se tourner vers la lumière et la positivité, et la musique peut avantageusement y contribuer. Une mélodie qui vous plait peut vous aider à vous détendre, à évacuer le stress, à danser ou à chanter à tue-tête. Dans cet exercice, je vous demande de donner à la musique un rôle clé dans votre vie. Faites-en un point focal et un refuge, lorsque vous traversez l'un de ces moments difficiles.

Mettez tout cela en pratique

Prenez le temps d'écrire, dans votre journal personnel, le titre de vos chansons préférées. Sont-elles liées à un certain moment de votre vie ? Pourquoi sont-elles importantes pour vous ? Vous aident-elles à surmonter les moments difficiles ? Est-ce que ces mélodies vous encouragent à continuer ? De quelle manière ?

....

....

....

....

Après avoir répondu à ces questions, consacrez chaque jour un peu de temps à la musique. Dès que vous en ressentez le besoin, lancez votre liste de lecture. Écoutez-la en préparant le dîner en famille, le matin au petit-déjeuner, ou en prenant un bon bain chaud.

Pensez à la musique comme une échappatoire, un endroit sûr, un guide pour commencer à voir les plus belles choses de votre vie !

Exercice créatif

Créez une liste de lecture de vos chansons préférées ! Pour cela, vous pouvez utiliser une application musicale, choisir les chansons ou les morceaux que vous aimez le plus et les placer dans l'ordre qui vous semble le plus approprié.

Je recommande de créer plusieurs listes en fonction de vos différentes humeurs ou des situations que vous rencontrez. Par exemple, vous pouvez créer une liste de lecture à écouter après une dure journée de travail, une pour vous détendre et une pour faire de l'exercice.

Conclusion

La musique peut apaiser toute âme, et puisque la vie est si chaotique, pourquoi ne pas l'utiliser pour apaiser la vôtre ? Faites qu'elle soit une partie de votre vie et laissez-la vous donner ce petit coup de pouce supplémentaire pour continuer.

Chapitre 3

Bien choisir ses modèles

> Une femme doit être deux choses : ce qu'elle est et ce qu'elle veut
>
> —*Coco Chanel*

Vous êtes ce que vous admirez. Les personnes que vous appréciez en disent long sur vous et parfois, sans même le savoir, vous accordez trop d'importance aux mauvaises personnes. Comme si cela ne suffisait pas, le fait de trop se concentrer sur un mauvais modèle peut vous faire oublier de vous apprécier vous-même.

Pour conserver une vision positive de la vie, il est utile d'examiner ce qui vous tient vraiment à cœur et qui sont les personnes que vous admirez. Lorsque vous vous efforcez de changer votre point de vue, il est également bon de remettre en question les personnes que vous avez tendance à prendre en exemple.

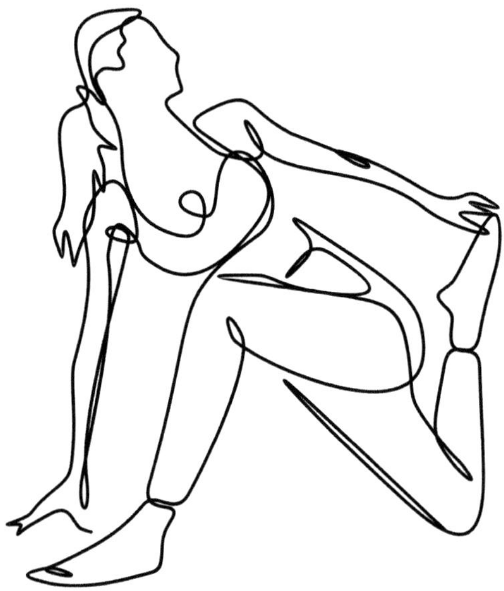

Mettez tout cela en pratique

Pensez à la personne que vous considérez comme étant un modèle. Si vous avez identifié plus d'une personne, choisissez-en une et demandez-vous :

- Qu'est-ce que j'admire chez elle ?

  ....

  ....

- Quand ai-je commencé à la considérer comme un modèle ?

  ....

  ....

- Que m'a-t-elle montré par ses actions et ses paroles ?

  ....

  ....

Puis notez sept de ses qualités que vous admirez. Ensuite, commencez à réfléchir aux traits que vous et cette personne avez en commun.

Suivez-vous son enseignement pour développer des qualités que vous pensez ne pas avoir ?

Notez ce que vous pouvez faire pour développer ces caractéristiques. Le but n'est pas de copier une autre personnalité, mais de vous pousser à redécouvrir votre meilleur côté.

À côté de chaque qualité, écrivez deux actions qui pourraient vous aider à les acquérir. Il peut s'agir d'actions qui sortent de votre zone de confort, comme le bénévolat, le spectacle ou la socialisation. Une fois que vous aurez dressé la liste des qualités que vous voulez développer et des actions nécessaires pour les atteindre, vous saurez clairement ce que vous espérez devenir et comment y parvenir ! Tout ceci, c'est de la pensée positive !

Remarque... Après avoir réfléchi à votre modèle de référence, vous pouvez vous rendre compte qu'il ne s'agit pas du tout d'un bon modèle ! Il n'y a rien de mal à cela. Il suffit de trouver quelqu'un d'autre, dont les qualités sont vraiment admirables.

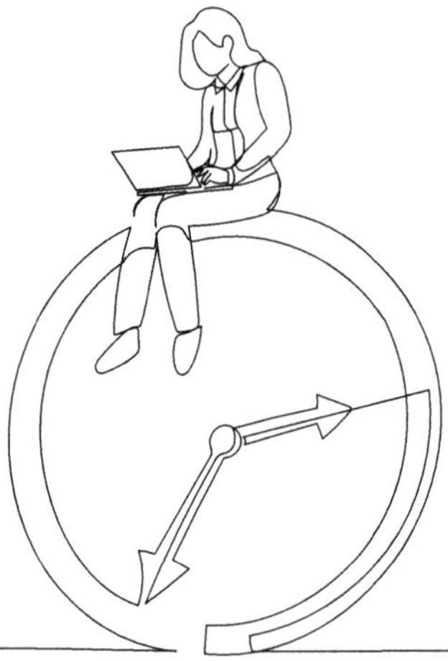

Exercice créatif

Dessinez le portrait de la personne que vous admirez. Incluez également des photos représentant les qualités et les caractéristiques que vous appréciez et que vous souhaitez améliorer.

Conclusion

Ces modèles vous aident à donner une orientation et une direction à votre vie. Ils peuvent même vous aider à vous comprendre différemment en vous montrant les caractéristiques que vous pouvez développer. Bienvenue au progrès et au développement de ce que vous êtes !

Chapitre 4

Revisiter les souvenirs négatifs

> Tout le monde a une histoire à raconter. Tout le monde est un écrivain, certaines histoires sont écrites dans des livres et d'autres sont confinées dans le cœur.
>
> *—Savi Sharma*

Il y a des obstacles dans la vie qui ne permettent pas de se concentrer sur les bonnes choses. Des souvenirs négatifs dont il est impossible de se défaire, par exemple.

Ne vous inquiétez pas, vous n'êtes pas la seule. Toutes, un jour ou l'autre, nous souhaitons oublier les pires moments de notre passé, mais nous n'y parvenons pas toujours.

Peut-être n'avez-vous jamais pardonné à un ami proche qui ne s'est pas bien comporté à votre égard il y a des années. Ou bien avez-vous vécu une expérience humiliante qui a laissé des traces ? Ou bien encore, vous continuez à vous sentir coupable d'avoir blessé quelqu'un qui vous aimait.

Quoi qu'il en soit, ce souvenir négatif exerce un pouvoir sur vous. S'accrocher à la négativité vous empoisonne lentement, tout en nourrissant une mauvaise énergie et vous pousse à vivre dans un état d'obscurité au lieu d'accéder à la lumière.

Pour changer de perspective, il vous faut avancer avec audace et retravailler la mémoire négative.

Mettez tout cela en pratique

Notez un souvenir dont vous ne pouvez vous défaire. Si vous avez subi un réel traumatisme dans le passé, il peut être plus facile de commencer par quelque chose de moins douloureux. Une fois que vous avez trouvé une image négative enfouie dans votre subconscient, décrivez-la dans tous les détails, sans rien omettre.

L'écriture peut être une action très cathartique, car elle vous aide à libérer l'énergie négative. Pour tirer le meilleur parti de cet exercice, posez-vous les questions suivantes :

- Que se passait-il d'autre dans ma vie à ce moment-là ?

  ....

  ....

- Qu'ai-je ressenti à ce moment-là ?

  ....

  ....

- Qu'ai-je appris de cette expérience ?

  ....

  ....

- A-t-elle conduit à des changements importants ?

  ....

  ....

- Des changements internes ou externes ?

....

....

Imaginez que quelqu'un d'autre vive cet événement, vu de l'extérieur. Pouvez-vous l'imaginer du point de vue d'une autre personne ? Comment cela pourrait-il se présenter et que pourrait-on penser ?

Une fois que vous avez les réponses à ces questions, prenez un moment pour imaginer ce souvenir d'une manière différente. Réécrivez l'histoire à partir d'un nouveau point de vue. Ensuite, observez ce que vous ressentez lorsque vous avez terminé l'exercice. Pouvez-vous tirer de ce souvenir des leçons précieuses pour votre propre développement ?

Exercice créatif

Faites un dessin représentant votre souvenir négatif et les leçons positives que vous avez tirées de l'exercice que vous venez de faire. Accrochez le dessin dans un endroit où vous pourrez le voir souvent. Il vous aidera à éliminer l'énergie négative liée à ce mauvais souvenir. N'oubliez pas que tout est question de perspective. En changer, change beaucoup de choses.

Conclusion

Votre vision de la vie peut être influencée par des expériences négatives, surtout si vous ne les surmontez pas. Pour travailler sur votre perspective, rappelez-vous un mauvais souvenir et essayez de le voir d'une manière différente.

Vous pouvez également demander à quelqu'un de vous aider, par exemple un ami ou un membre de votre famille. Écoutez leur point de vue et essayez de tirer des leçons importantes de toute expérience, même négative.

Partie Deuxième : Célébrez votre force

Chapitre 5

Profitez de votre temps, alors que vous êtes seule

> La gentillesse est toujours à la mode et toujours la bienvenue
>
> —*Amelia Barr*

Une partie de la pensée positive consiste à prendre le temps de célébrer vos dons. Il est important que vous puissiez apprécier vos forces et la personne que vous êtes.

Cependant, en tant que femmes, nous sommes souvent jugées comme égoïstes si nous décidons de passer du temps seules ou si nous voulons nous ménager du temps pour faire quelque chose pour nous.

La vérité est que s'aimer soi-même signifie prendre soin de soi. L'une des meilleures façons de le faire est de se donner du temps à soi.

Croyez-moi, vous trouverez toujours une excuse pour ne pas vous consacrer une journée, rien qu'à vous. Il y a le travail, la maison, les enfants... La liste est sans fin. C'est pourquoi il est important de prévoir ce temps et de le respecter, quelles que soient les circonstances. Passer du temps seule est incroyablement sain. Cela permet de réduire le stress, aide à calmer le bruit dans votre tête et vous donne un coup de jeune.

Mettez tout cela en pratique

Malheureusement, nous sommes toujours enclines à penser aux besoins des personnes qui nous entourent et presque jamais aux nôtres.

Commencez par énumérer des choses que vous faites ou voudriez faire pour vous-même.

Peut-être aimez-vous lire le matin, ou peut-être, voudriez-vous une fois par mois profiter d'une manucure ? Il y a probablement un sentier de randonnée que vous voulez essayer toute seule ou un salon de thé où vous pouvez déguster une délicieuse boisson chaude et vous détendre un moment. Si rien ne vous vient à l'esprit sur le moment, respirez profondément et détendez-vous.

Sur une feuille de papier, notez les activités qui vous sont dédiées à vous et à personne d'autre. Vous méritez de consacrer du temps à vous-même, tout comme vous en consacrez aux autres personnes de votre vie.

Une fois que vous avez créé la liste des activités que vous faites déjà pour vous-même, essayez d'en ajouter cinq autres. N'oubliez pas qu'il doit s'agir d'activités que vous avez vraiment envie de faire pour vous, et non d'une course ou d'une activité quelconque que vous choisissez de faire pour vos enfants, mari ou amis. C'est l'occasion de mettre en valeur vos intérêts. Il peut s'agir d'un cours de yoga, de l'écriture d'un journal, de séance de méditation, etc. Il ne vous reste plus qu'à choisir le jour à consacrer à ces activités. Vous serez seule avec vous-même et profiterez d'un moment de tranquillité pour mieux célébrer qui vous êtes et vos forces.

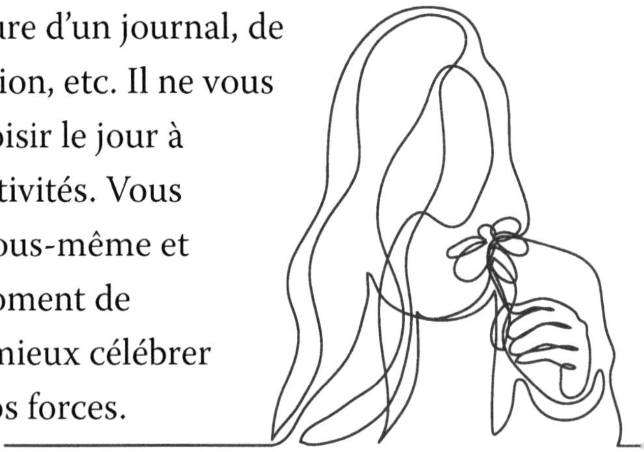

Exercice créatif

Dessinez-vous en train de faire quelque chose exclusivement pour vous. Il n’est pas nécessaire que le dessin soit parfait, l’important est que cette image puisse vous transmettre la force de vous aimer et de vous donner l’espace que vous méritez !

Conclusion

Aimez-vous et célébrez qui vous êtes en passant du temps seule. Il n'y a pas de meilleur moyen de dire «je t'aime» que de passer du temps en votre propre compagnie à faire quelque chose qui vous plait. C'est aussi un excellent moyen de renforcer l'estime de soi, votre relaxation et votre force en général.

Chapitre 6

Se défendre

> Entrez dans la nouvelle histoire
> que vous êtes prête à créer
> *—Oprah Winfrey*

Voici venu le jour où vous commencez à vous défendre, à défendre vos désirs et vos besoins. Certaines femmes ont tendance à ne pas exprimer leurs pensées et à rester à l'écart, peut-être parce qu'elles ont peur d'être jugées. Elles préfèrent éviter les situations difficiles plutôt que de se battre et d'affirmer leur point de vue.

Une telle attitude pourrait vous pousser à accepter des situations qui ne vous conviennent pas. Si quelqu'un a dit quelque chose que vous ne supportez pas ou essaie de profiter de vous ! Eh bien, il est temps de réagir.

Défendez-vous. Nous méritons toutes de nous sentir en sécurité, heureuses et aimées. Pourquoi laisser les gens nous marcher dessus alors que nous pouvons fixer des limites en puisant dans notre force intérieure ? Les limites sont un moyen sain de montrer aux gens ce que nous voulons et ce que nous ne pouvons pas tolérer.

N'ayez pas peur de vous défendre et de dire ce que vous souhaitez. Ainsi, vous montrerez votre force, votre courage et votre amour pour vous-même.

Mettez tout cela en pratique

Faites une liste des situations, des mots ou des actions qui vous mettent mal à l'aise. Un ami a-t-il fait une blague insultante ? Votre patron a-t-il essayé de vous discréditer ? Votre partenaire a-t-il profité de vous ? Notez toutes les fois où vous avez eu l'impression que quelqu'un a dépassé les bornes.

Ensuite, choisissez ce qui vous contrarie le plus et commencez à réfléchir à ce que vous pourriez faire pour fixer une limite et éviter que ces situations désagréables ne se reproduisent. Ou bien, réfléchissez à la manière dont vous pourriez faire comprendre à la personne concernée que son comportement vous met mal à l'aise. Gardez à l'esprit qu'il ne s'agit pas d'obtenir une réaction spécifique de sa part. Nous ne pouvons jamais contrôler les actions des autres.

Concentrez-vous plutôt sur ce que vous pouvez faire ou dire pour vous faire entendre. Malheureusement, les autres ont tendance à ne pas aimer qu'on leur mette des limites et ils peuvent réagir de manière inattendue la première fois que vous essayez d'en établir. C'est pourquoi beaucoup de personnes évitent de le faire et préfèrent ne pas créer de conflit.

Comme vous le verrez, fixer une limite peut vous donner un beau sentiment de liberté et vous permettre d'exprimer vos pensées sans crainte d'être jugée. Quoi qu'il arrive, souvenez-vous de ceci... L'important est d'avoir tenu bon et d'avoir exprimé votre pensée.

Vous avez fait ce qui était le mieux et le plus juste pour vous et c'est la meilleure façon de renforcer votre estime de soi.

Exercice créatif

Trouvez une photo de vous avec vos amis. Ou mieux encore, une photo de vous à une époque où vous vous sentiez parfaitement à l'aise. Lorsque vous savez que vous êtes aimée, quelle que soit la situation, vous êtes mieux à même de fixer vos limites et de les faire respecter.

En regardant la photo, écrivez ce que vous avez ressenti dans cette situation ou avec ces personnes. Ensuite, gardez la photo avec la page sur laquelle vous avez écrit afin de pouvoir toujours la voir et de vous souvenir des sentiments positifs que vous avez éprouvés à ce moment-là. Essayez de revivre ces sentiments positifs tous les jours. Fixer des limites deviendra de plus en plus facile !

Conclusion

Si vous n'exprimez pas ce que vous pensez, qui le fera pour vous ? Bien qu'il soit important de se rapprocher des autres et de se soutenir mutuellement, vous devez connaitre la force qui est en vous. L'une des meilleures façons de développer cette force est de fixer des limites. Plus les autres voient vos points forts, plus vous commencerez à les voir aussi.

Chapitre 7

Redécouvrez votre ville

> Les rêves et la réalité sont opposés.
> L'action les synthétise
> —*Assata Shakur*

De nombreuses personnes ont tendance à vivre dans le même lieu durant des années, peut-être parce que vivre dans une ville que l'on connait bien est rassurant. Cependant, cela peut être un peu ennuyeux à la longue. Pourquoi n'essaieriez-vous pas de regarder votre ville avec des yeux différents ?

Cet exercice vous permettra de sortir de votre routine et vous poussera à vivre de nouvelles expériences, à rencontrer de nouvelles personnes et à apprécier encore plus la ville dans laquelle vous vivez. Si vous souhaitez adopter une vision plus positive de la vie, il est important de vous remettre en question et de continuer à évoluer, même dans le lieu où vous avez toujours vécu.

Mettez tout cela en pratique

Avec vos amis, dressez une liste de cinq lieux, dans votre région, que vous n'avez jamais vus ou visités auparavant. Il peut s'agir de restaurants, de parcs, de musées. L'important est que vous puissiez découvrir ces lieux pour la première fois ensemble.

Lorsque vous visitez l'un de ces nouveaux lieux, ou si vous pratiquez une nouvelle activité, adoptez le point de vue d'un touriste. Posez-vous les questions suivantes :

- Comment ma ville apparaît-elle à un touriste qui la visite pour la première fois ?

  ....

  ....

- Quel est le quartier ou le lieu le plus enthousiasmant, le plus beau et le plus spécial ?

....

....

- Quels sont les aspects positifs qu'un touriste pourrait apprécier ?

....

....

Exercice créatif

Rédigez un petit guide sur votre ville en le rendant intéressant, comme si vous deviez convaincre quelqu'un de la visiter. Si vous préférez dessiner ou prendre des photos, imaginez créer une carte postale. Cette nouvelle perspective peut vraiment vous aider à apprécier davantage le lieu où vous vivez.

Conclusion

Nous sommes très influencées par notre environnement et, par conséquent, le lieu où nous vivons influe sur notre façon de voir la vie. Si votre ville commence à vous fatiguer, essayez de la regarder d'une manière différente.

Chapitre 8

Trouver et aimer ses défauts

> Soyez désordonné, compliqué et effrayé et n'ayez pas peur de vous montrer tel que vous êtes
>
> *—Glennon Doyle*

Personne n'est parfait : c'est une vérité universelle. Il n'y a rien de mal à cela, c'est juste un fait.

Vos défauts font de vous un être humain comme les autres. Ne les considérez donc pas seulement comme des faiblesses et commencez à les apprécier !

Au lieu de vous déprécier lorsque vous remarquez vos défauts, commencez à travailler dessus. Comment pouvez-vous changer la façon dont vous voyez ces parties apparemment moins belles de vous-même ? Commencez par un examen de conscience !

Mettez tout cela en pratique

Bien que cela puisse être un peu difficile, pensez à quelque chose en vous que vous n'aimez pas toujours. Ne vous limitez pas à votre gourmandise pour le chocolat, mais creusez un peu plus loin. Vous n'aimez peut-être pas le fait que vous préférez toujours être en retrait et ne jamais être le centre de l'attention. Ou bien, vous n'aimez pas laisser les gens profiter de vous parce que vous ne pouvez pas les contredire. Ou bien encore, vous n'avez pas autant de patience que vous le souhaiteriez dans les situations stressantes.

Maintenant, commencez à regarder cela en utilisant une nouvelle perspective.

- Si vous n'êtes pas le centre d'attention, quelle est la personne qui est dans la lumière à votre place ? Pourquoi, à votre avis ? Êtes-vous prête à prendre sa place ou êtes-vous heureuse de laisser les autres briller ? Est-ce un vrai défaut ou juste un trait de votre personnalité ?

....

....

- Si vous aimez plaire aux gens, réfléchissez à la raison pour laquelle cela se produit. Vouloir rendre les gens heureux et être toujours gentille peut être une qualité que vous pourriez exploiter dans d'autres domaines de la vie, par exemple en faisant du bénévolat.

....

....

- Si vous êtes trop impatiente, pensez aux situations dans lesquelles vous avez perdu patience. Que s'est-il passé autour de vous ? Qu'est-ce qui a provoqué ce stress ? Comment pouvez-vous vous arrêter, la prochaine fois que vous vous trouverez dans une situation similaire ?

....

....

Dressez la liste des traits de votre personnalité que vous trouvez négatifs. Bien sûr, ils ne vont pas tous, du jour au lendemain, devenir positifs, mais la plupart joueront probablement en votre faveur. Vous pouvez également réfléchir à la manière dont vous pouvez transformer ces points négatifs en qualités. Comment pouvez-vous vous concentrer sur vos forces pour vous aider et changer vos « faiblesses » ? Notez ce qui vous vient à l'esprit et commencez à voir ce que vous considériez auparavant comme un défaut, devenir votre merveilleuse particularité.

Exercice créatif

Dessinez un portrait de votre visage ou prenez une photo. Si vous dessinez, assurez-vous de tout inclure, même ce que vous pourriez considérer comme un défaut. Autour du visage, écrivez les nouvelles forces que vous avez trouvées en vous.

Conclusion

C'est vous, avec toutes vos imperfections, mais aussi avec tant de beauté. Il y a de la lumière et de la force à l'intérieur et à l'extérieur de vous, et si vous commencez à penser positivement, vous serez en mesure de mieux voir vos forces.

Partie Troisième : Aimez votre énergie

Chapitre 9

Nourrissez-vous bien

> Voici le conseil infaillible que je donne aux gens : apprenez à cuisiner, essayez de nouvelles recettes, apprenez de vos erreurs, n'ayez pas peur et surtout amusez-vous
>
> *—Julia Child*

Votre corps est votre véhicule à travers la vie et il doit être entretenu. En prendre soin signifie également soutenir votre corps émotionnel, mental et spirituel et vous montrer aimante envers vous-même.

Ce que vous mangez a un effet incroyable sur votre bien-être. Ceci n'est pas un livre pour apprendre à bien se nourrir, mais je veux vous aider à valoriser la nutrition. Considérez ce que vous mangez comme un moyen de favoriser le bien-être de votre cœur et de votre esprit.

Mettez tout cela en pratique

Créez une liste de bonnes habitudes et d'aliments sains. Ensuite, faites défiler la liste et cochez ce que vous faites ou consommez déjà et entourez d'un cercle les éléments sur lesquels vous devez encore travailler.

Par exemple, vous devrez peut-être réduire un peu votre consommation de sucre ou faire plus d'exercice. Vous pourriez peut-être ajouter plus de légumes à vos repas. Examinez les éléments que vous avez entourés et décidez lesquels peuvent vous orienter vers une vie plus saine.

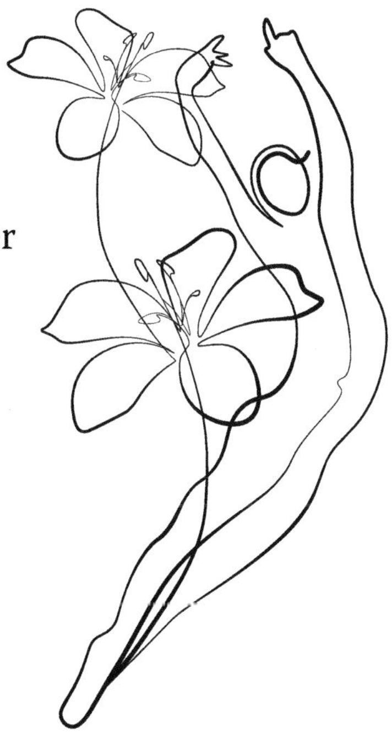

Ensuite, créez un plan alimentaire. Commencez par quelque chose de petit et de simple et ne bouleversez pas toutes vos habitudes. Vous pouvez ajouter plus de légumes au déjeuner ou au dîner. Suivez la même approche avec l'exercice physique. Commencez par une séance d'entraînement de quinze minutes, puis augmentez-la semaine après semaine. Si vous ne faites pas d'exercice, pensez à d'autres activités qui peuvent vous aider à bouger.

Maintenant, faites une liste d'aliments qui vous tentent souvent. En général, ces aliments ne sont pas très sains, il est donc important de voir si vous pouvez faire des changements. Lorsque vous élaborez votre plan alimentaire, vous pouvez équilibrer certains de ces aliments moins sains et les consommer lorsque vous décidez de vous récompenser pour un exploit.

Exercice créatif

Allez au marché et achetez des fruits et légumes frais et colorés que vous n'achèteriez pas en temps normal. À la maison, dessinez-les et appréciez la beauté d'une alimentation saine.

Ensuite, laissez libre cours à votre créativité avec des recettes saines et délicieuses. Vous trouverez l'inspiration partout en ligne, dans les livres de cuisine familiale ou dans une bibliothèque.

Conclusion

Prendre soin de soi signifie faire un pas de plus et faire ce dont votre corps a besoin. Plus vous nourrissez bien votre corps, plus votre esprit et votre cœur seront bien portants. La route peut être difficile, mais vous ne le regretterez pas.

Chapitre 10

Éliminer ce que vous n'utilisez pas

> Se tenir occupé et faire de l'optimisme un mode de vie peut restaurer la confiance en soi
>
> — *Eleanor Roosevelt*

Qui a dit qu'il fallait une journée au spa pour se sentir mieux ? Se débarrasser de ce que vous ne portez plus ou dont vous n'avez plus besoin peut vous faire sentir tout aussi bien. Faire du rangement de temps en temps peut apporter une nouvelle fraîcheur dans votre vie. N'avons-nous pas toutes besoin de le faire de temps en temps ?

Nous avons tendance à accumuler beaucoup de choses et parfois, nous le faisons parce que nous croyons que les choses matérielles nous font nous sentir bien. Par exemple, nous pensons « Et si j'en ai besoin un jour ? », ou « C'est tellement beau que je ne peux pas le donner. » Mais souvent, toutes ces choses inutiles, non seulement, ne nous apportent aucun bénéfice, mais nous privent aussi de notre énergie.

Les objets inutiles dont nous nous entourons peuvent devenir une représentation physique de notre mode de vie. Nous nous accrochons à des choses dont nous n'avons pas vraiment besoin. Pourtant, en rafraîchissant notre environnement, nous nous débarrassons de ce qui est inutile et qui nous alourdit, nous faisons de la place pour les choses plus importantes et nous nous sentons beaucoup mieux.

Mettez tout cela en pratique

Commencez par les vêtements. Ouvrez grand votre armoire et sortez tous vos vêtements. Examinez-les et demandez-vous « Est-ce ce que je porte réellement ? De quoi ai-je besoin et qu'est-ce que j'aime véritablement ? » S'il y a des éléments de votre garde-robe que vous n'avez pas portés depuis longtemps, il est temps de les retirer. Ou bien, si un article ne vous va plus, mettez-le de côté et donnez-le à quelqu'un d'autre.

Pour vous faciliter la tâche, vous pouvez diviser vos vêtements en trois groupes. D'un côté, mettez les choses que vous aimez et que vous voulez garder, de l'autre, les choses sur lesquelles vous ne pouvez pas vous décider et dans le dernier groupe, mettez les choses que vous voulez donner. Ensuite, reprenez les choses pour lesquelles vous étiez indécise et placez-les parmi les choses à garder ou à donner. La pile « je garde peut-être » doit être complètement vide.

Arrivée à ce stade, apportez les vêtements que vous avez décidé de ne pas garder dans un magasin de seconde main ou donnez-les à ceux qui en ont besoin. Les vêtements que vous avez choisi de garder sont ceux que vous aimez vraiment et que vous apprécierez encore de porter.

Examinez également tout ce que contient votre maison de cette manière et vous serez étonnée de voir à quel point vous vous sentirez mieux !

Exercice créatif

Créez une garde-robe que vous aimez ! Bien que nous aimions avoir beaucoup de vêtements, personne n'aime le désordre.

Dessinez la garde-robe que vous aimeriez avoir. Elle ne doit contenir que les choses que vous voulez porter et toutes en parfait état.

Conclusion

C'est l'heure du grand nettoyage de printemps. Lancez-vous le défi de le faire une fois par an pour comprendre pourquoi vous avez acheté certains articles. Il est normal de donner des choses. Parfois, le fait d'être plus consciente de ce que nous possédons peut nous en apprendre un peu plus sur nous-mêmes, sur notre façon d'agir et sur ce que nous apprécions.

De plus, si vous êtes capable de vous débarrasser des vêtements dont vous n'avez plus besoin, cela signifie que vous pouvez vous débarrasser du désordre dans votre vie et vous sentir vraiment bien.

Chapitre 11

Se soutenir soi-même

> Je suis toujours occupée, ce qui est peut-être la principale raison pour laquelle je me porte toujours bien
>
> *—Elizabeth Cady Stanton*

Le travail est nécessaire pour vivre, mais les femmes se surchargent souvent à l'extrême. Même si vous voulez réaliser de grandes choses dans tous les domaines, il est essentiel de prendre un peu d'espace pour vous reposer.

L'ensemble du livre porte sur le fait de prendre soin de soi, afin d'apprendre à voir la vie sous un angle positif. Si vous êtes réaliste quant au temps et à l'énergie que vous pouvez consacrer à chaque tâche, vous pourrez prendre du temps pour vous et maintenir cette positivité.

Faites-le pour vous et vous aurez plus d'espace, d'énergie et de temps pour faire ce qui vous rend heureuse !

Mettez tout cela en pratique

Faites une liste de toutes les obligations de votre journée. Bien sûr, vous devez probablement travailler, mais pensez aussi à ces petites choses que vous faites et qui prennent du temps et de l'énergie, comme faire la lessive, préparer le dîner, faire les courses, faire le ménage. Regardez la liste et réfléchissez à votre dépense d'énergie. Vous en faites trop ? Vous sentez-vous pleine d'énergie au début de la journée ou êtes-vous déjà épuisée en pensant à tout le travail que vous avez à faire ?

....

....

....

....

....

Prenez une feuille de papier et essayez d'imaginer où vous pouvez trouver du temps à consacrer à vous-même.

- Pouvez-vous faire vos achats en ligne ?
- Pouvez-vous faire laver vos vêtements à l'extérieur ?
- Pouvez-vous déléguer une tâche à votre travail ?
- Pouvez-vous éviter de penser au travail une fois que vous avez quitté le bureau ?
- Quelqu'un peut-il vous aider à vous occuper des enfants ?

En analysant les différentes options, vous trouverez des moyens d'économiser du temps et de l'énergie. Vous avez appris à donner la priorité au travail, mais le temps est venu de vous concentrer un peu plus sur un repos bien mérité !

Exercice créatif

Dessinez une image de vous en train de travailler. Peut-être en rédigeant un e-mail ou en faisant la lessive. À côté, dessinez-vous dans un moment de repos, en lisant un livre, en regardant la télévision ou en buvant un bon cocktail de fruits.

Regardez les deux dessins et réfléchissez à l'idée d'équilibre entre travail et repos. Ces deux activités sont sur le même plan et vous devez leur donner de l'espace pour une vie heureuse.

Conclusion

Certaines personnes aiment travailler parce qu'elles ont l'occasion de montrer leurs compétences ou de se plonger dans un domaine qui les passionne. Mais même si vous aimez votre travail, vous pouvez facilement atteindre les limites de vos forces. Commencez à consacrer plus d'espace au repos et cherchez des moyens d'économiser du temps et de l'énergie !

Chapitre 12

Réfléchissez à votre façon d'aimer

> Rappelez-vous que vous vous êtes critiquée pendant des années et que cela n'a pas fonctionné. Essayez plutôt de vous apprécier vous-même et de voir ce qu'il se passe.
>
> —Louise Hay

L'amour fait tourner le monde. Qui nous aimons et comment nous aimons, cela dit tellement de choses sur nous. Les personnes que nous aimons, qu'il s'agisse d'amis, de partenaires ou de membres de la famille, deviennent une partie de nous. Nos relations déterminent la façon dont nous vivons notre vie, mais parfois, nous sommes tellement concentrées sur des choses extérieures, comme le travail, que nous oublions comment aimer et comment le faire correctement. Et cela s'applique également à l'amour de soi.

Occasionnellement, nous nous traitons nous-mêmes comme nous ne traiterions jamais une autre personne, surtout quelqu'un que nous aimons ! Le but de la vie est d'en profiter et de savourer toutes les belles expériences qu'elle nous offre, mais lorsque nous pensons que nous ne sommes pas à la hauteur, nous devenons nos plus dures accusatrices. Peut-être n'avons-nous pas encore atteint l'objectif professionnel de nos rêves ou ne nous aimons-nous pas physiquement ? Il est facile de s'asseoir et de penser aux choix que nous aurions pu faire dans le passé, au lieu d'apprécier qui nous sommes aujourd'hui.

Maintenant que vous êtes sur la voie de la transformation de vos schémas de pensée en schémas positifs, il est important d'examiner la façon dont vous aimez. En réfléchissant à cela, vous pourrez mieux comprendre comment commencer à vous aimer de la bonne manière.

Mettez tout cela en pratique

Regardez vos relations, passées et présentes, et demandez-vous...

- Quel genre de partenaire étais-je ?

  ....

  ....

- Comment aurais-je pu aimer cette personne ?

  ....

  ....

- Quelles bonnes choses cette personne pourrait-elle dire de moi que je ne dirais pas ?

  ....

  ....

Après avoir consacré un peu de temps à cet exercice, écrivez quelques idées sur la façon dont vous pourriez diriger vers vous-même la capacité d'aimer les autres avec gentillesse, compassion et compréhension.

Faites un pas de plus et, en pensant à toutes vos relations romantiques ou platoniques, identifiez toutes ces choses que vous avez à offrir. Cela peut sembler difficile au début, mais n'abandonnez pas. Il peut s'agir de votre compétence à faire des compliments ou du fait que vous aimiez faire rire les autres. Même la chose la plus simple peut faire la différence. Notez ces qualités dans une liste.

Passez un peu de temps sur cette liste et rappelez-vous combien vous êtes merveilleuse, combien de qualités uniques vous apportez au monde et à ceux qui vous entourent. Au lieu de vous concentrer sur vos défauts ou sur le fait que vous n'êtes jamais à la hauteur des situations, pensez à toutes vos forces. Aimez-vous comme vous le méritez.

Exercice créatif

À côté de chacun des points que vous avez énumérés, essayez d'écrire comment vous pouvez utiliser cette qualité pour faire preuve d'amour. Cela prendra du temps, alors allez-y pas à pas. Si vous êtes généreuse, expressive ou que vous savez écouter, imaginez comment vous pourriez utiliser cette qualité d'une nouvelle manière pour donner de l'amour aux autres et vous sentir plus aimée.

Conclusion

Nous apprenons souvent à aimer les autres bien avant d'apprendre à nous aimer nous-mêmes. Mais nous sommes tout aussi importantes et l'amour de soi est indispensable ! Plus vous vous aimez, plus cet amour apportera une énergie merveilleuse au monde.

Partie Quatrième : Aimez votre persévérance

Chapitre 13

Racontez votre histoire

> Tant que le souvenir de quelques amis chers restera dans mon cœur, je dirai que la vie est belle
>
> *—Helen Keller*

Une des choses merveilleuses dans le fait d'être vous est que vous êtes unique. Nous le sommes toutes et chacune a sa propre histoire à raconter. Parfois, nous pouvons être dépassées par le nombre de personnes dans le monde et nous demander… « Comment pourrais-je être importante ? »

Pourtant, vous l'êtes davantage que ce que vous pouvez imaginer. Vous pourriez penser que votre histoire ne vaut pas la peine d'être racontée, mais n'oubliez pas qu'elle est précieuse. Lorsque nous partageons notre histoire, nous partageons une partie de nous-mêmes et nous nous rapprochons des autres.

Tout le monde mérite de raconter son histoire et vous aussi pouvez le faire, de la façon dont vous souhaitez le faire.

Mettez tout cela en pratique

Nous pouvons dire qui nous sommes de différentes manières. Si vous n'aimez pas parler de vous-même, parce que cela vous rend vulnérable ou vous met mal à l'aise, essayez de partager davantage avec les autres chaque jour. Vous pouvez commencer avec votre partenaire, puis vous lancer le défi de le faire avec vos amis et votre famille. Suivre une thérapie peut également être un bon point de départ. Peut-être n'aimez-vous pas votre histoire pour une raison quelconque. Vous avez peut-être honte de ce que vous avez fait dans le passé ou vous avez vécu un traumatisme que vous préférez garder caché. Bien sûr, cela prendra du temps, mais commencez petit, puis persévérez.

Vous n'avez plus besoin de vous cacher ou de fuir ce que vous êtes. En partageant votre expérience, vous commencerez à vous sentir plus libre.

Cessez d'avoir peur ou d'avoir honte de votre passé. Acceptez votre histoire personnelle et découvrez les points positifs, car elle est véritablement unique !

Exercice créatif

Créez un album à partir de votre histoire personnelle. Si vous aimez le bricolage, allez dans un magasin spécialisé et achetez tout ce dont vous avez besoin. Consacrez, au moins, une page à chaque événement important et décisif de votre vie.

Collectionnez les objets qui ont une signification particulière pour vous, comme votre premier billet de cinéma ou de concert. Ils font partie de qui vous êtes et de votre histoire.

Conclusion

Nous avons souvent honte de notre histoire et avons tendance à ne pas la partager avec les personnes qui nous aiment. Pourtant, nous sommes notre histoire !

Commencez à le dire et sentez-vous plus libre !

Chapitre 14

Soyez le guide de vos rêves

> Découvrez qui vous êtes et faites-le dans un but précis
>
> *—Dolly Parton*

Ce à quoi nous aspirons fait de nous des humains. Cette volonté d'en faire plus nous donne la force d'affronter tout ce que nous rencontrons sur notre chemin. L'important est de faire le premier pas. Cependant, dans une société fondée sur la pratique et l'action, il peut être difficile d'avoir des rêves. Il nous est enseigné à toujours avoir un esprit pratique, à penser à l'argent, à la sécurité ou à la famille.

Pourtant, se laisser aller à ses rêves peut être incroyablement libérateur. Rêvez grand, visez haut et pensez à toutes les choses que vous aimeriez réaliser dans votre vie. Voulez-vous devenir écrivain ? Voulez-vous créer votre propre entreprise ? Voulez-vous enregistrer un album de musique ? Accrochez-vous à ces objectifs et donnez-vous la liberté de rêver.

Sans aucun plan, cette liberté peut être étouffée, mais n'oubliez pas qu'il est toujours possible de transformer un rêve en objectif !

Mettez tout cela en pratique

Vos rêves sont importants et méritent votre attention. Si vous vous y mettez vraiment, votre rêve se transformera en objectif. Sortez votre agenda ou une feuille de papier et commencez à noter cinq choses que vous voulez réaliser dans votre vie, et dans quel délai.

Voici quelques suggestions :

- Vous voulez obtenir une promotion au travail.
- Vous voulez déménager dans une nouvelle ville.
- Vous souhaitez écrire un livre sur votre vie.

Sur la page suivante, écrivez les mesures que vous pouvez mettre en œuvre pour progresser vers ce rêve. Maintenant, il sera devenu un objectif. Vous ne vous contentez pas de rêver, vous donnez vie et confiance à vos rêves et les transformez en réalité.

Exercice créatif

Pensez à ce que sera votre vie une fois que vous aurez atteint l'un de vos objectifs. Imaginez-la et dessinez-la. Il peut s'agir d'une image de vous, d'une réalisation ou d'une scène de votre vie future une fois que vous aurez atteint cet objectif.

Conclusion

Les rêves nous unissent en tant que femmes et créent un lien. L'imagination nous permet de libérer notre moi le plus authentique, nous aide à creuser au plus profond de nous-mêmes et à découvrir nos véritables passions.

Prenez le temps de suivre ce processus et découvrez quelque chose de nouveau sur vous-même.

Chapitre 15

Libérez votre créativité

> Faites de votre mieux en transformant les petites étincelles intérieures de possibilité en flammes de succès
>
> *—Golda Meir*

La persévérance est un don. Une façon de surmonter les moments difficiles de la vie est de nourrir votre créativité.

Nous pensons parfois que si nous ne sommes pas de vrais « artistes », nous ne pouvons pas dessiner ou peindre, ou que nous manquons de créativité.

Mais la créativité est à la portée de toutes. Elle prend une forme différente chez chacune, mais nous sommes toutes capables de créer. Peu importe ce que vous choisissez de faire pour vous exprimer. Collages, écriture, sculpture, danse, peu importe... Libérez l'artiste qui est en vous.

Je vous demande de faire un effort pour aimer le côté le plus imaginatif de vous-même, en lui donnant l'espace qu'il mérite. Prenez un peu de temps chaque semaine pour faire quelque chose de créatif autour de vous. Il est temps de faire de la place à votre expression personnelle.

Mettez tout cela en pratique

Qu'aimez-vous faire ? Qu'est-ce qui stimule votre imagination, vous éloigne de la réalité et donne libre cours à votre créativité ?

- Vous aimez peindre ?

  ....

  ....

- Vous aimez décorer ?

  ....

  ....

- Vous aimez les compositions florales ?

- Vous aimez composer de la musique ?

Ne le faites pas pour l'argent ou le gain, la créativité n'a rien à voir avec cela. Réservez du temps, chaque semaine, pour faire quelque chose de créatif qui vous donnera de la reconnaissance pour ce que vous êtes. Par exemple, si vous aimez la photographie, prenez des photos des lieux ou monuments que vous aimez dans votre ville au moins une fois par semaine.

Faire quelque chose de créatif augmentera votre bonheur, votre bien-être général et vous aidera à surmonter les moments les plus difficiles.

Exercice créatif

Pensez aux trois plus grandes passions de votre vie. Sur trois feuilles de papier séparées, dessinez chacune d'entre elles ou quelque chose qui les représente toutes. Quelles sont les couleurs et les formes qui vous passionnent ? Comment les imaginez-vous ? Comment pouvez-vous les inclure dans votre vie ?

Conclusion

Trop souvent, nous négligeons notre créativité et oublions qu'elle fait partie de notre identité. En passant du temps à faire quelque chose de créatif, nous nous donnons véritablement une chance de faire une pause dans notre routine quotidienne.

Chapitre 16

Optimisez votre système

> S'aimer soi-même n'est pas de la vanité. C'est de la santé mentale
>
> —*Katrina Mayer*

Tout comme nos appareils domestiques ou électroniques, nous aussi avons parfois besoin d'un rafraîchissement. Lorsque nous sommes occupées, nous sommes tellement concentrées sur les tâches à accomplir que nous atteignons l'épuisement mental ou physique. C'est naturel, mais occasionnellement, cela peut être dû au fait que nous utilisons un « système » quelque peu dépassé qui ne fonctionne plus et qu'il est temps de changer.

Si nous optimisons nos systèmes, nous trouverons des moyens d'économiser de l'énergie, du temps et des ressources pour tirer le meilleur parti de nos vies.

Peut-être que, lorsque vous étiez plus jeune, vous vous leviez tôt le matin, vous faisiez de l'exercice et vous vous sentiez bien. Alors que maintenant, vous devez d'abord emmener les enfants à l'école. Dans ce cas, vous devrez probablement changer cette habitude.

Parfois, vous devrez faire une véritable remise à zéro. Si vous ne pouvez plus aller courir le matin, vous pouvez le faire juste après le travail, avant que les enfants ne rentrent de l'école, ou après qu'ils soient couchés.

Il est temps de commencer à faire le point sur votre système et de voir s'il a besoin d'une révision ou d'une mise à niveau, afin de (re) prendre un bon départ.

Mettez tout cela en pratique

Analysez vos habitudes. Pensez au travail, à la vie privée, à la santé, au repos, etc. En réfléchissant à chacun de ces éléments, pensez à ce qui vous fait vous sentir vraiment bien et à ce que vous avez du mal à contrôler.

Avez-vous fait des progrès dans ces domaines ? Y a-t-il des domaines dans lesquels vous pourriez faire mieux ? Essayez de penser à de nouvelles habitudes que vous pourriez acquérir ou simplement à des habitudes que vous pourriez changer. Par exemple en modifiant les moments que vous consacrez au repos et à l'entraînement, ou en changeant l'ordre des tâches que vous effectuez pendant le travail, etc.

Exercice créatif

Choisissez une image abstraite à colorier. Ce faisant, pensez à votre vie comme à une collection de différents systèmes fonctionnant ensemble.

Conclusion

Nous avons toutes besoin d'une mise à jour, de temps en temps, car si un système a fonctionné dans le passé, cela ne signifie pas qu'il fonctionne encore aujourd'hui. Faites une analyse rapide et déterminez où vous devez apporter des changements dans votre vie !

Partie Cinquième : Aimez-vous, point final !

Chapitre 17

Se montrer reconnaissante envers soi-même

> Tout ce que vous appréciez et dont vous êtes reconnaissant augmentera dans votre vie
>
> —*Sanaya Roman*

Il est prouvé que la pratique de la gratitude rend les gens plus heureux, plus sains et leur permet de vivre pleinement leur vie. Lorsque nous remercions pour les belles choses, nous nous exerçons à remarquer la beauté, chaque jour. De plus en plus d'événements positifs commencent à faire surface dans notre esprit et la gratitude se manifeste de plus en plus naturellement.

Il est parfois plus facile de remercier les autres que de nous remercier nous-mêmes. C'est l'occasion de vous accorder un peu de gratitude pour chaque nouvel objectif atteint, qu'il soit petit ou grand.

Prenez l'habitude de vous dire merci plus souvent, vous ne serez plus un obstacle à votre bonheur, mais une amie qui vous pousse à faire toujours mieux.

Mettez tout cela en pratique

Gardez toujours à portée de main des cartes sur lesquelles vous avez écrit des pensées de gratitude. Les post-its de couleur sont également utiles. Gardez-les au bureau, à la maison et dans votre sac. Lisez-les chaque fois que vous faites quelque chose pour votre santé, vos rêves ou votre bien-être.

Soyez reconnaissante lorsque vous parvenez à faire de l'exercice les jours que vous vous êtes fixés, lorsque vous cuisinez un repas sain et délicieux ou lorsque vous fixez une limite pour vous protéger. Il y a tellement de bonnes choses dont vous pouvez être reconnaissante dans votre vie !

Exercice créatif

Dessinez un symbole qui évoque pour vous la gratitude que vous devez avoir envers vous-même, chaque fois que vous le regardez. Il peut s'agir d'un soleil, d'une fleur que vous aimez, d'un mandala, de tout ce qui vous aide à tourner votre esprit vers la gratitude !

Conclusion

Vous faites tellement de choses dans votre vie quotidienne. Mais n'attendez pas que les autres vous disent « merci ». Dites-le à vous-même et montrez-vous reconnaissante pour tout ce que vous faites chaque jour.

Chapitre 18

Appréciez les bonnes choses de la vie

> N'oubliez jamais de sourire et
> d'apprécier ce que vous avez dans la vie
> *—Marilyn Monroe*

Vos parents ne vous ont-ils jamais dit d'apprécier les bonnes choses que vous avez dans la vie au lieu de vous plaindre ? En tant qu'enfant, il est difficile de le faire, car nous sommes moins aptes à relativiser les choses négatives. Mais maintenant que vous êtes adulte, vous concentrer sur ce que vous avez, et non sur ce que vous n'avez pas, peut vraiment changer votre vie de manière inimaginable.

Il s'agit d'un concept étroitement lié à l'art de pratiquer la gratitude. Mais, si dans le chapitre précédent je vous ai encouragée à faire preuve de gratitude envers vous-même, je vous mets ici au défi de reconnaître les bonnes choses que vous avez dans tous les domaines de votre vie. Quel meilleur moyen de promouvoir la positivité et la joie ?

Les bienfaits de cette attitude peuvent se présenter sous différentes formes et tailles. Il peut s'agir de personnes, d'événements, d'objets, de réalisations et de bien d'autres choses encore, alors, ne vous concentrez pas uniquement sur un aspect. Quelles sont les bonnes choses qui vous arrivent ? Quelles sont les bonnes choses qui se produisent déjà dans votre vie ?

Mettez tout cela en pratique

Nous devrions toutes trouver le temps de nous arrêter et de réfléchir aux bienfaits qui arrivent dans nos vies. Prenez le temps de dresser une liste des choses que vous avez. Demandez-vous…

- Envers quelles personnes pouvez-vous être reconnaissante ?

....

....

- Qui vous a aidé au travail, à la maison, entre amis ?

....

....

- Êtes-vous en bonne santé ?

....

....

- Avez-vous des amis merveilleux ?

....

....

- Avez-vous une famille qui vous aime et vous soutient ?

....

....

- Votre partenaire est-il gentil et patient ?

....

....

- Vos enfants sont-ils en bonne santé et heureux ?

....

....

- Avez-vous un toit au-dessus de votre tête ?

....

....

- Avez-vous assez d'argent pour assurer votre sécurité et votre bonheur ainsi que ceux de votre famille ?

....

....

- Aimez-vous votre travail ?

....

....

- Aimez-vous votre maison et l'endroit où vous vivez ?

 ....

 ....

Plus vous trouverez de choses agréables, plus vous pourrez vous concentrer sur les aspects positifs. Réfléchissez maintenant au mot «gratitude». Que signifie-t-il pour vous ?

Réfléchissez à la façon dont vous pouvez montrer plus de reconnaissance pour les choses agréables que vous avez énumérées. Vous pouvez inviter à dîner un voisin qui a été gentil avec vous pour lui dire merci. Vous pouvez aussi consacrer du temps au bénévolat. Découvrez de nouvelles manières de dire merci et n'oubliez jamais les bonnes choses que vous avez.

Exercice créatif

Écrivez le mot «gratitude» en grosses lettres sur une feuille de papier. À l'intérieur de chaque lettre, dessinez une image de quelque chose dont vous êtes reconnaissante. Placez ce dessin à un endroit où vous pourrez le voir tous les jours pour vous aider à apprécier les bonnes choses de votre vie.

Conclusion

Il a été prouvé que les personnes qui se concentrent sur ce qu'elles ont, plutôt que sur ce qu'elles n'ont pas, sont beaucoup plus heureuses. Ne le seriez-vous pas aussi si vous vous concentriez sur votre merveilleuse famille, votre travail que vous aimez et sur vos incroyables amis ? Gardez le sourire en vous souvenant de ce que vous avez, car c'est exactement ainsi que de nouveaux bienfaits vous parviendront. Il suffit de les chercher.

Chapitre 19

Repensez votre espace

> Nous n'avons pas besoin de magie pour changer le monde. Nous avons déjà en nous toute la puissance dont nous avons besoin
>
> *—J.K. Rowling*

La maison est là où se trouve notre cœur. Nous voulons tous que notre maison soit un endroit sûr et plein d'amour. Nous voulons un endroit où les gens peuvent recevoir de l'amour et parler sans être jugés. Pensez à votre espace et à l'accueil que vous réservez aux autres et à vous-même.

Avez-vous l'impression de pouvoir être vous-même dans votre maison ? Est-ce un espace sûr où vous pouvez vous réfugier et vous détendre loin du chaos de la vie quotidienne ? Pensez à votre espace et réfléchissez à la façon dont il vous fait vous sentir, vous et les autres. Plus votre maison est confortable, plus vous, votre famille et vos amis, vous sentirez bien.

Mettez tout cela en pratique

Une maison accueillante ce n'est pas seulement ouvrir la porte à la famille, aux amis et aux voisins, mais aussi créer un espace qui vous donne, à vous et à eux, ce dont vous avez besoin. Elle doit être un lieu où chacun peut s'exprimer librement et partager ses expériences sans se sentir jugé.

Vous pouvez faire passer ce message en rénovant votre entrée pour créer un espace plus ouvert et positif. Ajoutez une guirlande, placez des plantes en pot avec des lumières, ou peignez la porte d'entrée d'une couleur chaude et accueillante.

Assurez-vous également de disposer d'une pièce dans laquelle les visiteurs peuvent s'asseoir, s'exprimer librement et s'amuser, mais n'oubliez pas de vous en réserver une aussi, juste pour vous. Il doit s'agir de votre propre espace où vous pouvez vous sentir en sécurité. Cela peut être un coin pour lire, un endroit pour faire du yoga ou de la méditation, ou une place confortable, pour écrire votre journal intime.

Exercice créatif

Réfléchissez à donner une image de bienvenue à votre hall d'entrée. Comment ajouter une touche décorative et accueillante à cette partie de la maison ? Vous pouvez la créer dans la réalité ou simplement dans un dessin qui donne l'idée que votre porte est ouverte.

Conclusion

Chacun mérite un espace dans lequel se retirer, et vous pouvez le créer pour vos amis, votre famille et les personnes qui vous sont les plus chères. Mais ne vous oubliez pas !

Chapitre 20

Appuyez sur le bouton de réinitialisation

> « Les femmes ont besoin de solitude pour trouver leur véritable essence »
>
> —*Anne Morrow Lindbergh*

Le quotidien peut être fatigant, non seulement en raison du travail, mais aussi à cause des nombreuses petites tâches quotidiennes. Par exemple, nous devons faire la lessive, emmener les enfants au sport, aider les parents âgés et bien plus encore. Réaliser qu'il est temps de faire une pause est un geste d'amour. Je sais, cela peut ressembler à une tâche impossible, compte tenu de tous les engagements que vous avez, mais c'est essentiel pour votre bien-être. Pour vivre une vie heureuse et positive, vous devez vous aimer au point de savoir faire une pause.

Peut-être, passez-vous déjà du temps seule à lire ou à faire de l'exercice. Cependant, mon objectif, dans ce chapitre, est de vous inviter à passer du temps seule et en silence.

Mettez tout cela en pratique

Commencez à redécouvrir la solitude. Regardez votre agenda et trouvez un jour où vous pouvez vous consacrer à vous-même. Prévenez les personnes de votre entourage que vous ne serez pas disponible ce jour-là. Ne permettez à personne de modifier votre programme, sauf en cas d'urgence réelle.

Ensuite, trouvez un endroit où vous pouvez être avec vous-même sans que personne ne vous dérange. Pas de téléphone portable, pas d'enfants, pas de distractions. Essayez d'aller dans un parc ou dans un autre lieu, en plein air, dans lequel vous pouvez vous asseoir et vous sentir vraiment vous-même. Une fois rentrée chez vous, notez toutes les réflexions que vous avez menées lors de cette expérience. Plus vous le ferez, plus vous apprendrez à aimer et à désirer ce moment de solitude.

Exercice créatif

Dessinez-vous en train de réfléchir dans la solitude. Qu'est-ce qui est différent dans ce dessin par rapport aux précédents ?

Conclusion

Parfois, il suffit de baisser le volume, de savourer le silence et d'apprendre à aimer sa propre compagnie pour retrouver la paix intérieure et la confiance en soi. N'oubliez pas que si vous ne vous aimez pas ou n'appréciez pas votre propre compagnie, qui d'autre le pourrait ?

Conclusion

La vie est déjà assez difficile sans y ajouter vos pensées négatives. Dans les moments les plus durs, il est facile de vous sentir dépassée et de croire que vous n'avez personne vers qui vous tourner et nulle part où aller. Mais je vous encourage à chercher en vous la force dont vous avez besoin pour vous remettre sur pied.

C'est en vous-même que vous trouverez un guide, une amie, une confidente et une voix qui vous pousseront à aller de l'avant. Tout ce que vous avez à faire est de chercher. Faites-en votre objectif ! Commencez à voir en vous le guide qui vous permet de surmonter les difficultés quotidiennes.

Soyez plus confiante et rappelez-vous que la vie peut être difficile, mais qu'elle est aussi pleine d'une incroyable beauté. Lorsque nous sommes trop occupées à nous mépriser ou trop stressées par des choses que nous ne pouvons pas contrôler, nous ne remarquons pas les merveilleuses expériences que l'existence nous offre.

Adoptez une vision plus positive de la vie. Aimez-vous, aimez les autres et soyez consciente des moments heureux.

Pour ce faire, vous devrez travailler les aspects suivants…

- changer votre perspective
- célébrer votre force
- aimer votre énergie
- aimer votre persévérance
- et aimez-vous, point final !

Il y a une vie merveilleuse qui vous attend dehors. Mais c'est à vous de la saisir. Tout ce dont vous avez besoin est en vous.

Du contenu en prime

Nos cadeaux pour toi...

Abonne-toi à notre bulletin d'information et reçois ces documents gratuitement !

Scanne-moi.

www.specialartbooks.com/free-materials/

Suis-nous sur :

Instagram: @specialart_books
Groupe Facebook : Special Art
Site Web : www.specialartbooks.com

Impressum

Pour les questions, les réactions et les suggestions :

support@specialartbooks.com

Nina Madsen, Special Art

www.specialartbooks.com

Special Art

Printed in France by Amazon
Brétigny-sur-Orge, FR

20190057R00067